Peter Paul Althaus wurde am 28. Juli 1892 in Münster/Westfalen geboren und studierte dort nach dem Ersten Weltkrieg Philosophie und Literaturgeschichte. 1922 kam er nach München, wo er – unterbrochen u. a. durch Regiearbeiten in England und Tätigkeiten an verschiedenen Rundfunkanstalten – bis zu seinem Tode am 16. September 1965 lebte. Er verkehrte im Kreis um Stefan George und war für den »Simplicissimus« und die »Jugend« tätig. In Schwabing gründete er die Kabaretts »Zwiebelfisch«, »Schwabinger Laterne« und »Monopteroß«, wo er mit Gerd Fröbe und Gustl Weigert als phantasievoller Bänkelsänger auftrat. Er schrieb Gedichte, Hörspiele, übertrug indische und altrussische Lyrik, übersetzte Molière und Voltaire. Unvergessen bleibt »PPA« als Schwabinger Poet, der seine »Traumstadt«-Lyrik durch regelmäßige Bürgerversammlungen, eine Stadtordnung – erster Bürgermeister: PPA – und die Verleihung skurriler Titel, wie etwa dem eines Ehrenoberlaternenanzünders, zum Leben erweckte. Weitere Lyrikbände: »Dr. Enzian« (1952), »Flower Tales« (1953), »Wir sanften Irren« (1956), »Seelenwandertouren« (1961) und als Nachlassband »PPA lässt nochmals grüßen« (1966).

edition monacensia
Herausgeber: Monacensia
Literaturarchiv und Bibliothek
Dr. Elisabeth Tworek

Die *edition monacensia* präsentiert ausgewählte Werke renommierter Münchner Autorinnen und Autoren des 20. Jahrhunderts, deren literarische Arbeiten von der Monacensia – Literaturarchiv und Bibliothek betreut werden. Neben Neuausgaben viel gesuchter Bücher erscheinen Ersteditionen aus den Beständen der Monacensia, die von kompetenten Herausgebern eingeleitet werden.

Peter Paul Althaus

Das Peter Paul Althaus-Gedichtbuch

Zusammengestellt und herausgegeben
von Hans Althaus

edition monacensia
im
Allitera Verlag

Weitere Informationen über den Verlag und sein Programm unter:
www.allitera.de

Bibliografische Information der Deutschen Bibliothek

Die Deutsche Bibliothek verzeichnet diese Publikation
in der Deutschen Nationalbibliografie; detaillierte bibliografische Daten
sind im Internet über <http://dnb.ddb.de> abrufbar.

Juni 2004
Allitera Verlag
Ein Verlag der Buch&media GmbH, München
© 2004 für diese Ausgabe:
Monacensia Literaturarchiv und Bibliothek
Leitung: Dr. Elisabeth Tworek
und Buch&media GmbH, München
Umschlaggestaltung: Kay Fretwurst, Spreeau
unter Verwendung einer Zeichnung von Ulrik Schramm
Herstellung: Books on Demand GmbH, Norderstedt
Printed in Germany · ISBN 3-86520-025-7

Inhalt

Frühe Gedichte (wahrscheinlich bis 1922)
Es gibt aus diesem Frühling 11
Ho! großes Meer! 12
Hafen 13
Du möchtest diesem Tage 14
Einmal so müd sein dürfen 15
Vor den Toren meiner Stadt 16
Wende 17
Vom Innenleben der Hose 18
Die Kinder der Inder 19

Gedichte aus dem »Göttinger Musenalmanach« (1922)
Der Angler 23
Leise 24
Dichter 25

Mystische Lyrik aus dem indischen Mittelalter in Nachdichtungen (1923)
Vor jeder Zeit, vor jeder Welt 29
Der Unerforschte, der Unerforschliche 30
Wenn ich schweige 31
Aus tiefen Tiefen singt der Dichter stumm 32
Könnt' ich alle Inseln 33

Gedichte aus »Jack der Aufschlitzer« (1924)
Zum Andenken an eine Heroine 37
Feiertagsgedanken 38

Altrussische Kirchenlieder in Nachdichtungen (1927)
Da weint nun Adam vor dem Paradies 41
Aus einer Öde wandert der Staréc 42
Freue dich, Zion 43

GEDICHTE AUS »DAS VIERTE REICH · EINE SYMPHONIE« (1928)
O, laß mich einmal in die dunklen Ströme lauschen 47
Und das ist Glück: Wenn alles in Dir lebt 48

GEDICHTE AUS SEESHAUPT AM STARNBERGER SEE (1929–30)
Offene Fenster, die sich ins Freie freu'n 51
Goldlack 52
Rosa Alba 53
Blühender Kaktus 54
Lilien 55
Welkende Feuerlilie 56

REISEGEDICHTE. Eine Auswahl
Im Dom zu Münster 59
Blick durch ein verregnetes Atelierfenster in Weimar 60
Vor dem Isartor / München 61
Andechs 62
Am Ufer der Cam in Cambridge 63
Fuhrweg in Kastilien 64
Nachts auf einem Felsen bei Cascatalar / Belearen 65
Stiftsgarten in Santa Chiara / Napoli 66
Das war in Neapel 68
Auf einer Terrasse in Taormina 69
Bettlerin auf der Piazza Venetia / Roma 70
Vom Garten der Villa die Pazzi aus / Zwischen Firenze und Fiesole 71
Aus dem Kriegstagebuch 72
Über die Grenzen / Der Wanderzirkusdirektor 73

GEDICHTE IN DER »WELT AM SONNTAG«
UNTER VERSCHIEDENEN PSEUDONYMEN (1932 33)
Warum? 77
Warum immer warum? Warum nicht auch. Wieso? 78
Tiere sehen dich an 80
Sonntagsbetrachtung vor der Stadt 82

GEDICHTE ZU ALTER CEMBALOMUSIK 1949–53
Spanischer Tanz 85

Östlicher Traumtanz. 86
Galopp 87

Spielzeuggedichte zu Musik von Ludwig Kusche

Der Hampelmann spricht. 91
Die Eisenbahn. 92
Der Gummiball spricht. 93
Die Puppe plaudert 94
Der Teddybär Hilarius 95

Verstreute Gedichte und Gedichte aus dem Nachlass

Ich werde bald sterben 99
Ein Lied am Abend 100
Schneeflocken 101
Die Hände 102
Vergebliche Frömmigkeit an die Kindheit. 104
Pfingstmontag '65 105
Da geht ein Jahr vorbei 106
Was fehlte bei Meier-Mair-Mayer-Meyer? 107
All dies 109

Wortspielereien

Die Meisen hörten eines Tags 113
Eine Ameise 114
Ein Bauer, der mit einer Elle Mist mißt. 115
Wenn du einer Krankenschwester. 116
Frag mich doch was. 117
Ein Tunichtgut und ein Tuböse 118

»In der Traumstadt«

Wenn ich endlich einmal wüßte. 121
Durch die Traumstadt geht ein Engel. 122
Vor der Traumstadt auf dem Hügel,
wo früher der Galgen gestanden und der Block. 123
In der Traumstadt hat in einer stillen Seitengasse 125
Vor dem Schlafgemach der Gräfin Ete la Peutête 126

Als ich einmal aus der Traumstadt rückgekehrt	127
Dr. Gradus ad Parnassum	128
In der Traumstadt ist ein Lächeln stehn geblieben	130
Dr. Enzian begibt sich manchmal auf den Allgemeinplatz	131
Dr. Enzian, als Existenzialist, beweist	132
Dr. Enzian traf einen Andersgläubigen	133
Dr. Enzian fuhr mit dem Viermastschoner »Tick«	134
Dr. Enzian ist seelisch ganz zerrüttet	135
Dr. Enzian und Dr. Kümmel staunten bass	136
Dr. Enzian hat kürzlich ausprobiert	137
Ich bin ein Maiglöckchen –.	138
Ich bin eine Lilie	139
Was Gott tut, das ist wohlgetan.	140
Ich bin der Rhabarber	141
Wir sanften Irren leben etwas hinterm Mond	142
Wir sanften Irren spielen manchmal Politik.	143
Wir sanften Irren, wenn wir zeitunglesen	144
Und weil es Gedichte gibt	145
Wir sanften Irren, waren nie ganz da	146
Ich lebe in einem Land	147
Eine arme Kirchenmaus	148
Einer von den Wenigen, die erkannt	149
Die Clochards singen	150
Ich möchte dabei sein	151
In der Traumstadt ist es nächste Woche.	152
Wirklich lebe ich nur nachts in meinen Träumen.	153
Unser altes Haus	154
September	155
NACHWORT VON HANS ALTHAUS	159
QUELLENNACHWEISE	160

Frühe Gedichte
(wahrscheinlich bis 1922)

Es gibt aus diesem Frühling

Es gibt aus diesem Frühling
kein Entrinnen.
Du stehst im Garten,
festverwurzelt
und musst blühen
und musst warten,
bis eine, die sich selbst
nicht konnte finden,
Dich pflückt …

Ho! grosses Meer!

Ho! großes Meer!
Hei! weiter Wind!
Wir nebenher.
Wir sind! Wir sind!!
Wir schöpfen den Tag
zum tiefsten Grund.
Wir machen aus Heute
das Morgen kund.
Und unser tiefgefundener Fund:
Ho! großes Meer!
Hei! weiter Wind!

Hafen

Die schwarzen Fluten überströmen zärtlich ihre Narben
und mühen sich um feierabendlich Gepränge.
Verschlafne Bootslaternen darben
aus verblichnen Gläsern blinde Farben.
Durch nebelkalten Schornsteinrauch,
der über Wasser seinen Werktagshauch
verbittert, gleiten müde Fischersänge . . . . .

Ein großes Heimweh tröstet in den Mastgestängen,
das große Heimweh,
das doch selbst nicht Heimat hat,
nicht einmal Heimat hat
in müden Fischersängen . . . . .

Du möchtest diesem Tage

Du möchtest diesem Tage
eine zweite Sonne schenken,
den Abend mit den übervollen Händen halten.
Du möchtest diesen Blüten,
die sich kaum entfalten,
du möchtest ihnen ihre Reife rauben.
Du möchtest glauben
und du möchtest deinen Nachen
in Seen ohne Inseln lenken.

Und du darfst nicht diesen Tag
zu Ende denken …

EINMAL SO MÜD SEIN DÜRFEN

Einmal so müd sein dürfen
wie der Abend,
der in sich selbst verblutet ...

Einmal die müden Flügel
hängen lassen dürfen
und für eine lange Nacht
einen Zweig haben
am Geigenbaum,
der
vor einer lärmverebbenden Stadt
den Stern im Brunnen hütet . . . . .

Du wirres Werktagtreiben:
Einmal so müd sein dürfen!

Vor den Toren meiner Stadt

Vor den Toren meiner Stadt
ist Ebene.
Ich trug die Berge ab
mit Schwielenhänden
und türmte sie zu einem Wall
und muss nun hinter diesem Wall
verenden . . . . .

Vor den Toren meiner Stadt
ragt Ruhe ...
O, blinde Taubheit,
donnre mir ins Ohr:
dass morgen mich der Lärm erschlagen hat!

WENDE

Noch einmal schenkte mir der Sommerabend
seine tausend Zärtlichkeiten
und teilte mir verschwendend, was an Knospenheimlichkeiten
er einen Sommer lang sein Eigen nannte.
Und alles Wollen wurde Müssen.
Der Blumenkelche Ahnen herbes Wissen:
dass diese schwere Pracht in einer einz'gen Nacht verbrannte . . . . .
– – – – – – – –
Und dann –
am andern Morgen – –
war es Herbst – – – – –

Vom Innenleben der Hose

Was weißt, oh Onkel Theo du, vom Innenleben deiner Hose?
Wenn du nicht lügen willst und ehrlich bist – du kennst es nicht!
Das Innenleben deiner Hose ist noch ungeklärter als das Seelenleben
    der Mimose,
es ist ein ungelüftetes Geheimnis, das – wenn überhaupt – nur dunkel spricht.
Du musst, oh Mensch, mich, bitte schön, nicht missverstehen:
Die Beine, die in deiner Hose wandeln, sitzen oder gehen,
sind nicht das Innenleben deiner Hose, und erst recht nicht dein Gesäß.
Hast du, oh Mensch, in deine Hose jemals intensiv hineingesehen,
hast du je unternommen, deine Hose einmal umzudrehen?
Nein! Und deswegen sahst du niemals deiner Hose Innerstes.
Da klemmst sie abends in den Hosenspanner oder hängst sie über einen Bügel,
du schmeißt sie in die Ecke, je nachdem du ordentlich veranlagt oder nicht,
und wenn du viel für deine Hose tust, so streichelst du von außen sie
      mit einer Bürste oder Pferdestriegel.
Doch hast du keine Ahnung, was das Innenleben deiner Hose dazu spricht.
Du lebst mit ihr in engster Symbiose – – –
Und was, oh Mensch, was weißt du von dem Innenleben deiner Hose?
Ich gebe zu, ihr zugeknöpftes Wesen
Verhindert es, in ihrem Innersten zu lesen,
doch andererseits, du würdest, und man würde es ihr sehr verargen,
      wenn sie offen wär'.
Vielleicht ist sie des Nachts in ihren Träumen eine Wind- bzw. eine Wasserhose,
und ist, wenn du sie morgens anziehst, überhaupt noch nicht zurück
    aus ihrer Traum-Metamorphose;
Vielleicht hat deine Hose eine richtiggehende Psychose,
ist schizophren bereits durch Konflikte zwischen dir und ihr!
Wie oft, zum Beispiel, mag sie wohl von Schnaps, Wein- oder Bier-,
von Knoblauch- oder Zwiebelduft betäubt ohnmächtig liegen in Narkose –
du aber zwingst sie auszugehen, du, der du Zwiebeln oder Knoblauch frisst!
Ich bitte herzlich, sorgt dafür,
dass ihr ein wenig mehr vom Innenleben eurer Hose wisst!

Die Kinder der Inder

Die Kinder
der Inder,
das sind die Inderkinder.
Wenn diese Kinder größer sind,
dann sind sie nicht mehr länger Kind;
dann sind die Inderkinder
erwachs'ne richt'ge Inder
und außerdem noch Sünder
und kriegen wieder Kinder.

Die Kinder dieser Inder
sind Inderkindeskinder;
die bleiben auch nicht ewig Kind,
und wenn sie groß geworden sind,
dann nehmen sie zwecks Zeitvertreib
und zwecks auch sonst ein Eheweib
und die Familiengründer
die kriegen wieder Kinder.

Die Kinder dieser Inder
sind Inderkindeskinder,
die wachsen auf, die werden groß,
dann geht's von neuem wieder los:
Sobald sie heiratsfähig sind
(das geht in Indien sehr geschwind) –
was jetzt kommt, sieht ein Blinder,
es holt aus dem Zylinder
kein Zauberer geschwinder
die vielen, vielen Kinder –
und immerzu sind's Inder.

So kommt es, dass in Indien
(das muss man mal verkünden)
vierhundert Millionen
Inder wohnen.

Gedichte aus dem »Göttinger Musenalmanach«
(1922)

Der Angler

Ich habe meine Angelschnur
aus tiefstem Fluss der Nacht gezogen:
Zappelnd
ein dummer Kuss,
eine dürftige Lüge,
ein leerer Schädel
in den verirrend
eine Perlenmuschel sich verloren hatte.

Alles bestatte ich
auf dem großen Friedhof,
den mein Enkel zu entdecken
sich schon freut.

Leise

Tritt leise auf!
Die Nacht beginnt.
Die dritten Sterne
ziehn schon auf Wacht!

Tritt leise auf! Eh Nacht zerrinnt
will sich Vorletztes dir
aus seinen sieben Schleiern
schämen.

DICHTER

Mit seinem Herzen hausieren gehen müssen,
jeden Morgen von neuem:
Nimm du's, nimm du's!

Nach einem Wandergenossen suchen müssen,
den man nicht finden wird!

Frierendes Herz und suchende Augen,
Ihr lebt im Zuwenig und sterbt am Zuviel:
H e i ß e s   H e r z du, und f i n d e n d e   A u g e n !

Mystische Lyrik
aus dem indischen Mittelalter
in Nachdichtungen (1923)

Vor jeder Zeit, vor jeder Welt,
vor allem Anfang jeder Zeit, vor allem Anfang jeder Welt war Gott,
und dauern wird er bis in unbekannte Zeit und unbekannte Welten.

Er ist in allem, was ist und was wird.
Er klingt schon heute in den Tönen,
die morgen aus den Saiten meiner Harfe schwellen.

Wie Sandel duftet
und ein Wald, voll von geringen Bäumen,
zu einem Sandelwalde wird,
so wurde ich aus totem Eisen
durch meine Sehnsucht
rotes Gold.

Nama ist in ihm geborgen.

Der Unerforschte, der Unerforschliche
 erfand sich dieses Spiel:
Gott ist geborgen in jedem Herzen.

Niemand weiß von seiner Seele.
 Unsre Taten kennen wir,
doch warum wir tun, wir wissen's nicht.

Vitthal schuf die Welt aus sich:
 tönernes Gefäß aus Ton.

Alles das, was wir in Taten säen,
müssen wir an ihren Folgen ernten.

 Namdev spricht:
 Gib deiner irren Seele
 dieses Ziel:
 Den Unerforschten!

WENN ICH SCHWEIGE,
sagen die andern:
O dieser Dummkopf!

Wenn ich rede,
sagen die andern:
Was für ein Unsinn!

Wenn ich mich setze,
sagen die andern:
Ha, da hat er sich festgesetzt!

Wenn ich gehe,
sagen die andern:
Seht, nun ist er ein Wanderprophet!

Beug ich die Stirne,
sagen die andern:
O, er ist fromm aus lauter Angst!

Was ich auch tue:
die andern, die andern
haben zu mäkeln und haben zu spotten.

Gott ich wende mich zu dir:
Schütze du die Ehre deines Dieners
jetzt und künftig, wenn er tot ist.
Schütze deinen Sänger Nanak.

Aus tiefen Tiefen singt der Dichter stumm.
Die leise Melodie
lässt der Lockige erklingen.

Wenn sich mit klarem Klang erhebt
das Lied Solankhis,
muss das Herz des Dichters singen.

Ich kann aus meinem Tiefsten Schrein
nichts geben.
Ich bin die Harfe seiner Melodien.

Könnt' ich alle Inseln
in Papier wandeln
und die sieben Ozeane
könnt' ich sie zu Tinte färben,

schneiden wollt' ich dann aus allen Bäumen,
die der Erde je entsprossen sind,
    e i n e Feder – –

und befehlen woll' ich dann Sgravati:
Hüterin der Wissenschaften,
schreibe, schreibe!

Aber du, o höchster Herr,
würdest auch mit diesem Lobgesange nicht erhöht.

Gedichte aus »Jack der Aufschlitzer« (1924)

Zum Andenken an eine Heroine

Neulich hab ich eine umgebracht,
die hat nicht geschrien und nicht gezittert.
Die hat mich bloß ausgelacht.
Als ich ihr das Messer in den Bauch gezimmert,
sagte sie nur: »Merci, darauf habe ich gewartet.«
Und hat nicht gebetet und nicht gewimmert,
sondern ist ganz einfach bloß so umgeklappt.
Ei'ntlich hab ich nichts davon gehabt.

Feiertagsgedanken

Auf meinen Grabstein von Granit
(manchmal kommt mir das so in den Sinn)
muss mit goldnen Buchstaben hin:
»Hier liegt Johann Christof von Schmidt,
in seinem Leben war er Jack the ripper,
er hatte weder Syphilis noch Tripper,
doch musste er sterben, als er noch gar nicht alt,
weil er keine Lustbarkeitssteuer bezahlt.
Seine Bräute sind alle von hinnen geschieden
und so weiter und so weiter, er ruhe in Frieden.«
Ich heiße gar nicht Johann Christof von Schmidt
und kriege auch keinen Grabstein von Granit.
Mich bringen sie wie ein verrecktes Vieh
sofort hinterher in die Anatomie.

Altrussische Kirchenlieder
in Nachdichtungen
(1927)

Da weint nun Adam vor dem Paradies
Klage Adams und Evas nach der Vertreibung

Da weint nun Adam vor dem Paradies:
»Oh, du mein Paradies, mein herrlichschönes,
verschlossen bist du meinethalb und Evas wegen.

Gesündigt hat sie und mich überlistet,
verletzt hat das Gesetz sie, und den lieben Gott verhöhnt.
Ins Höllendunkel taucht sie mit ihrem kurzen Weibsverstand
und was wir zeugen, darf nicht mehr ins Paradies.«

So heult zu Gott und seine Tränen fließen, Adam,
»Uwy! Mir Sündigem! Uwy mir Rechtlosen! Uwy!
Nie hör ich mehr die Stimmen, die erzenglischen,
nie darf ich mehr vom Baum des Lebens essen!«
So schreit nun Adam unter Tränen: »Gott,
erbarme Dich, uwy, des Sünders Adam!«

Und so spricht Eva nun zum Adam: »Mein Gemahl,
Gott wollte nicht, dass wir im Paradiese leben,
Gott wollte nicht, dass wir vom Baum des Lebens essen.
Wir sollten auf die Erde, auf die schwere,
und hartes Brot im Schweiße unsres Angesichtes essen.
Uns ist, in Wahrheit nun zu leben,
uns ist, das Böse nun zu meiden.«

Aus einer Öde wandert der Staréc

Aus einer Öde wandert der Staréc,
sein Weg ist tränenfeucht,
sein Kleid ist schwarz, sein Kleid ist ernst,
und plötzlich steht er vor dem lieben Gott.

»Was ist dein Weg so tränennass?«
»Soll sein mein Weg nicht tränennass, o Herr?
So jung, so jung noch ward ich Mönch,
und dann verlor ich meine guten Werke.
und dann verlor den Schlüssel ich zur Kirche,
und dann warf ich dein Buch,
dein goldnes Buch
ins schwarze Meer, ins schwarze.«

Und sprach zu ihm der liebe Gott:
»Bleib stehn, Staréc, und kehr zurück
und bete unter Tränen.
Aufwühlen will ich bis zum Grund
das tiefe Meer, das schwarze Meer,
und zeigen, wo der Schlüssel liegt,
und zeigen, wo das Buch versank.
Und Milde leg ich in dein Herz
von nun an bis zum letzten deiner Tage.
Ich will dich führen in die goldne Burg
und segnen werde ich dein Haus.«

Freue dich, Zion

Freue dich, Zion,
spielet, ihr Berge,
tönt, ihr Posaunen!
Herrlich erblühet,
erfüllt sind die Welt.

Zedern am Libanon!
Allerwärts strömen
Könige, tragen
köstliche Gaben.
Und mit den Sternen
und mit den Blumen
schmückt sich die Welt.

Gabriel bringet
göttliche Gnade,
Segen des Geistes
segnet Maria,
und sie empfängt
den göttlichen Sohn.

Bleibest die Jungfrau,
gebierest den Sohn.
Jesus Christus
wird er geheißen.
Also verkündet
englische Stimme
der Jungfrau Marie.

Alle die Menschen
wird er erretten,
die Hölle vernichten
durch seine Macht.

Verlustig ging Adam
des Paradieses
durch Evas Sünden.

Der zweite Adam,
Jesus Christ,
wird zeigen den Weg
durch seine Mutter
die Jungfrau Maria,
den Weg aus dem irdischen
Tale der Sünden
hinauf in den Himmel.

Was sollen wir schenken
der Jungfrau, der reinen,
was sollen wir schenken
der Königin?

Was sie verlanget,
das wollen wir schenken.

Ehre und Lob
sei dem Herrn
in Ewigkeit, Amen.

Blast, ihr Posaunen,
singet, ihr Menschen,
gelobt ohne Ende
seist du, Maria,
du reine Mutter,
in Ewigkeit, Amen.

Gedichte aus
»Das Vierte Reich · Eine Symphonie«
(1928)
Prof. Albert Einstein in Verehrung gewidmet

O, lass mich einmal in die dunklen Ströme lauschen,
die unter meinen Tagen fließen,
lass einmal nur aus ihrem Rauschen
mich um die Schläge meines Herzens wissen

Nur einmal lass mich fühlen Deine Macht,
die Welle, Welle, Welle bindet …

Wo Deine Tiefe in die Höhe ragt,
wo meine Schau des Tages mit dem Traum der Nacht
zu Lied und Leier sich, zu Leben kündet –

o lass mich einmal Deiner großen Sonne Wärme fühlen,
wo unsre Sehnsucht sich zu Deinem Herzschlag läutert
und unsrer Ahnung schattenhaftes Spielen
zu hocherhabnen Wirklichkeiten sich erweitert.

Und das ist Glück: Wenn alles in Dir lebt
Und Dein ist als Dein Herz, das auch das Fremdeste schließt ein,
wenn jeder kleinste Augenblick gewebt
wie reicher Überfluss ins Ganze wieder strebt
und als das ew'ge Wunder ewig bleibt – wie Sonnenschein,
dem Blumen ihren Duft und ihre Farbe wieder gaben.
Das ist Glückseligkeit – dem Augenblick geboten haben:
Verweile doch . . . . .

Und das ist Liebe, zu verweilen
in jenen Augenblicken, denen wir geboten haben –

Und das ist Lieben: sich einander zu erlösen
und so vereint, als wär es nie getrennt gewesen,
sich gegenseitig mitzuteilen – – – – –

GEDICHTE AUS SEESHAUPT AM STARNBERGER SEE
(1929–30)

Offene Fenster, die sich ins Freie freu'n,
und blauer Himmel, an dem die Schwalben streifen – – –
man braucht nur hinauszulangen und zuzugreifen
und dann fasst man den lieben Gott direkt an das Bein.

Das hat er auf einer großen, großen Wolke stehen,
großen Wolke, die er, wohin er will, einfach gehen lässt.
Und er lächelt: »Kommen Sie nur rauf und setzen Sie sich auf meine Zehen,
aber halten Sie sich bitte recht tüchtig fest,

denn wir fahren jetzt nach Arabien oder Uruguay,
oder auf den Mond oder die Venus oder sonst wohin;
mir, das wissen sie ja, ist das ganz einerlei,
weil ich allgegenwärtig bin.«

Und dann geht's los, immer höher, immer weiter, und wir fahren
in Länder, die es gar nicht gibt und in denen wir zufolge dessen
    noch niemals waren – – –
Offene Fenster und blauer Himmel und Frühling und ein freundlicher Wind
spielen uns dahin, wo wir mit dem lieben Gott allgegenwärtig sind.

Goldlack

– und auch ein wenig Spanisch ist dabei,
ein wenig Spanisch, aber nicht aus Spanien selber;
das Goldne ist zum Beispiel nur ein gelber
messingner Münzenschmuck (das Prunkstück eines Maskenkleidverleih)

an einem Carmenkleid aus grämlich rotem Samt,
verfleckt, geputzt und aufgedämpft; verschossen war der Samt von je,
seit er, ein ausgedienter Vorhang, aus der Rumpelkiste
    ward hervorgekramt.
Und eines Tages tanzte er als Carmenkleid auf einem Vorstadt-Balparé.

Doch wirkt dies Kleid auf diesen Bällen nie ganz richtig gegenwärtig,
weil es im eigentlichen Grunde eine Blume ist, am Stock gezogen
vor schmalen Fenstern später Mädchen, die, mit allem fertig,
ihr Schicksal tugendhaft um das Unendliche betrogen.

Rosa Alba

Wie sie mit einem weißen Lächeln unter uns im Zimmer saß –
und wie wir, als sie uns verlassen, aus dem fernen Raum,
    in dem sie ihr entferntes Leben lebte,
dann näher als sie selbst ihr Weinen fühlten, das ganz leis'
    in unsere Stille schwebte
wie Klirren von sehr dünnem, angestoßenem, zersprung'nem Glas – –

Es war vor einer Rose, als mir dies Erinnern kam,
vor einer weißen Rose, die entblätternd von sich selber Abschied nahm.

Blühender Kaktus

Er wollte Anderes. Vielleicht ein Tier, ein Wild
zu werden war ihm halb gewährt. –
Dann wuchs er in sich selbst zurück und jenseits seines Spiegels Bild
ward er zu einer Pflanze von des Schöpfers Ohr erhört.

Doch seine Blüten sind ihm immer noch ein Wunderbares,
er hält sie, wie die Priester halten die Monstranz,
wenn sie von Tabernakelstufen eines Hochaltares
Gott zeigen in dem goldnen Strahlenkranz.

Lilien

Sie hatten schon im Blut den Herzschlag aller Farben,
eh' sie das letzte Weiß für sich erwählten;
sie wissen, dass sie schon in allen Farben starben,
eh' sie die blassen Seelen aus den bunten Hüllen schälten.

Die Grenzen ihres Blume-Seins sind leise überglitten,
ihr Duft vermischt sich schon mit erstem dunklem Sehnen
ganz junger Mädchen, die sich darob schuldig wähnen
und die den lieben Gott um Gnade bitten.

Welkende Feuerlilie

Dein gilbend Rot verflammt so einsam
und so allein bist du auf deinen Stolz gestellt –
Dein gilbend Rot hat mit dem Grünen nichts gemeinsam
und weiß von keiner als von deiner Welt.

Abweisend wendest du dich allen Fragen.
Du willst das unter deinem roten Brennen
Verborgne ganz allein ertragen.
Doch dein verzweifeltes Nicht-sprechen-können

macht offenbar, um was du leidest im verschlossenen Gelass:
Dein gilbend Rot ist eine stolze Scham
um einen Gatten, der dich nie besaß,
der nur den Duft von deiner Seele nahm.

Reisegedichte
Eine Auswahl

Im Dom zu Münster

Glocken glauben in tiefen
leisen Innigkeiten
und gleiten
an Pfeilern fließend
zu den Stufen der Altäre.
Opfer ahnen aus Blütenkelchen
wachsbleich.
Dämmerung kniet
in kargem Kerzenlicht.
Vergessenheit träum . . . . .
Die Zeit pocht hart –
Herz – schlag –
und weck die Zeit ... nicht.

BLICK DURCH EIN VERREGNETES ATELIERFENSTER IN WEIMAR

Der Regen rinnt, der Regen rinnt.
Es weint in mir ein Kind, ein Kind,
dass es sich nicht erkälten kann,
wie jemand ein erwachsener Mann
so traurig ist, wie Kinder sind,
wenn der Regen rinnt, wenn der Regen rinnt.

Vor dem Isartor / München

Nur noch die allerletzten Wellenkreise
des lauten Stadtgebrauses
gelangen in dies stille Eckchen:

Ein Sperlingsweibchen auf dem allerletzten Trambahngeleise
verwandelt einen groben Pferdemist
behutsam in ein mildes Spatzendreckchen.

Andechs

Im späten Märzenschnee verschwinden alle Wege,
weitaus verhängt so Wald, so Feld, so Brückenstege –
das Frühlingsbild in einer einz'gen kalten Stunde vor dem Wetterwind entwich.

Steil über allem, aus dem spitzen Berg, ein Kirchturm,
der eingehüllt in seiner Glocken dunkles Läuten
besteht, und träumt vergang'ner Zeiten
von Macht und Herrlichkeit herauf zu sich.

Und drinnen in der Kirche, gegenüber dem barocken Chore,
spricht über gold'nen Strahlenbündeln, hoch auf der Empore
ein alter Mönch in Silberviolett und predigt mit Gewicht
den Bauern von der Kraft des Betens, und er glaubt sich ein Erhörter –
dieweil Maria eines ihrer sieben Schmerzensschwerter
- vom Thron sich trauernd neigend – in sein Herze sticht, –
eins ihrer sieben Schwerter, die den Gläub'gen unten, Sonnenstrahlen scheinen.
Auf hölz'ner Fiedel, unterm Predigtstuhl, ein Englein geigt.
Ganz leise fängt ein Kindlein auf dem Schoß der Mutter an zu weinen
und weiß nicht, welche Angst aus seinem kleinen Herze steigt ...

Am Ufer der Cam in Cambridge

Nun haben hart und kalt Novemberschauer
die letzten Bäume kahl gefegt. Ein schmutzig-grauer
und niedrer Himmel regnet endlos Regen …
Es will sich nichts in uns bewegen.

Wir treiben einem dunklen Geschick entgegen,
wie jene Blätter, die der Wind verstreut –
Wir treiben willenlos der Unerbittlichkeit entgegen,
die uns zerstört – und uns vielleicht erneut.

Fuhrweg in Kastilien

Knarrend kriegt der staubige Räderkarren,
müde trottet im Geschirr der Gaul;
›Olé!‹ sagt der Fuhrmann manchmal in das Knarren,
hebt die Peitsche – schlägt nicht – ist zu faul –

Endlos geht die Straße, immer geradeaus,
fremd sich selbst und ohne Ziel.
Alle Stunden steht als Meilenstein ein Haus;
›Olé!‹ sagt der Fuhrmann, und er hebt den Peitschenstiel – – –

Endlos geht die Straße, ohne Ziel.

Nachts auf einem Felsen bei Cascatalar / Belearen

Die ganze wirre Sehnsucht eines,
der seinem Vollmond ausgeliefert ist
    treibt mich im Kreise ...

Der Wind fragt leise,
    wer ich bin.

Das Meer singt seine alte Weise:
Woher – wohin – –?

Bin ich das Atmen des Olivenhaines,
bin ich das Starrgewordene des Felsgesteines,
bin ich das Nachtlebendige des Mondenscheines?

    Bin ich der Wind,
bin ich des Meeres altes Lied?

        Ich bin, o Herr, Dein Kind
    und Du bist, was geschieht.

Stiftsgarten in Santa Chiara / Napoli

Man sah sie nicht. Sie lagen wohl und hielten
Siesta auf geblümten Sofas; doch ihr Wesen und ihr Denken
ging durch die Laubengänge ihres Gartens in verspielten
Majoliken auf sanft zerbröckelten und paarweis gegenübersteh'nden Bänken.

Man sah sie nicht – die alten Fräulein, die nie Frau'n geworden,
weil irgendetwas dumpf in Ihnen blieb und ohne Fragen,
so einsam einzeln wie die Töne in den alten Clavichorden,
die nicht mehr weiterklingen, wenn die Tasten nicht mehr schlagen.

man sah sie nicht, die alten Fräulein dieses Stiftes;
doch denk ich mir, wenn sie in ihrem bunten Garten sich ergehen,
dass sie dies tun wie Fürstinnen, die ein verbrieftes
Recht üben, dessen Satzung sie nicht ganz verstehen.

Und manchmal werden sie die unberührte Zartheit
    ihres Handgelenks betrachten
und drüber sinnen, wozu Handgelenke eigentlich erschaffen sind …
Dann mögen sie ein ganz verschollnes Armband aus Smaragden
wohl aus der Truhe holen und die Handgelenke schmücken
    wie zur ersten Kommunion ein Waisenkind.

Auch denk ich, dass sie manchmal, wenn sie, um die Stiefelchen
    zu schließen,
die langen Röcke lüften und wie Fremdes ihre schlanken Fesseln sehen,
ein wenig lächeln müssen und den Grund dafür nicht wissen. –
Da draußen ist so Vieles, was sie nicht verpasst, geschehen:

Sie lebten ihre kleinen Freuden wie sehr große Wonnen
(die Welt ist schnell erfüllt in diesen hohen Mauern)
und ihre kleinen Traurigkeiten wurden wie das namenlose Leid
    von jungen Nonnen,
die am Karfreitag um den toten Heiland trauern.

Und so ist alles schon ein wenig jenseits und entrückt,
was diese alten Fräulein tun und wie sie gehn und stehen bleiben;
und ihre Jahre werden jährlich wie an alten Kleidern neue Säume angestückt,
und nie wird Gott sie aus dem kleinen Paradies vertreiben.

Das war in Neapel

Das war in Neapel.
Es ist schon einige Jahre her.
Aber ich werde dies Erlebnis nie vergessen.
Denn es gab meinem ganzen damaligen Arbeitsauftrieb eine andere Richtung.
Vor dem Bahnhof »lungerte« ein Facchino, ein Gepäckträger.
Ich fragte ihn, ob er meinen Koffer in das etwa hundert Meter entfernte Hotel tragen wolle.
Er lupfte
den schweren Koffer,
sah mich
mit seinen tiefdunklen Augen
schmerzlich an
und sagte:
»Io mangiato oggi« (Ich habe heute schon gegessen).

Auf einer Terrasse in Taormina

I.
– – und die Gedanken kommen in bunten
Kleidern, doch immer dieselben;
steigen aus Meereswellen tief unten,
neigen aus hohen Himmelsgewölben,

schweben aus Duft von Fresienblüten,
leicht und wie weißer Federflaum –
und Du selbst, wie Dryaden in Mythen,
bist auf einmal ein blühender Baum.

II.
Und wenn der milde Abendwind durch Deine Zweige weht
und hüllt Dich in das Ganzgeborgene und Verträumte eines Schläfers,
dann kräuselt sich noch schnell ein Lächeln über Deine Blüten,
    ob der Güte eines Käfers,
der ernst und sehr behutsam, um Dich nicht zu wecken, durch die Gräser geht.

Bettlerin auf der Piazza Venetia / Roma

Vielleicht war alles nur Theater und Komödie;
der ganz zerfetzte Seidenmantel und die Schuhe aus zerbrochnem Lack;
doch irgendetwas hing an ihr, das war Tragödie:
man ahnte einen Leichnam in dem Menschenwrack.

Die Wirklichkeit zerfiel vor ihr in längst Vergangenes;
nur das blieb wirklich: wie sie unerbittlich näher kam
gleich einer Spinne, die auf ein gefangenes
Insekt zuhechelt. Und auch das war wirklich: ihre Scham

vor ihrem Schicksal, dass sie gar nichts Andres konnte
als Betteln. Und dieses ging wie Schicksal vor ihr her:
Was eben noch in Glanz und Licht sich sonnte,
das war in ihrem Antlitz trübe, grau und schwer.

In ihren Blicken lagen böse Wünsche wie an Ketten,
und Tücken, noch gebannt, noch fähig, jäh Dein Liebstes zu vernichten.
Dahinter dann – das Fordern, einen Kupfersoldo zu entrichten,
für einen Kupfersoldo sich vor ihrem Fluch zu retten.

Ja, alles war Theater und vielleicht Tragödie,
die Schuhe aus zerbrochnem Lack und das zerschlissene Gewand,
und echt war nur, und dies blieb unheimliche Komödie:
wenn um den Soldo für die bösen Geister krallte sich die Totenhand.

Vom Garten der Villa dei Pazzi aus /
Zwischen Firenze und Fiesole

Glaubt mir, es gibt im Tale von Fiesole geheimnisvolle Nächte,
in denen die Olivenbäume singen können.
Zu deren Singen tanzen zwischen Wein und Korn dort ungebannte Mächte,
die sich als Opfer für sich selbst auf einem alten Steinaltar verbrennen.

Und wenn ihr, überwach dem vollen Mond anheim gegeben,
dem Singen nachgeht, das wie Blut in euren Lenden
lebendig ist, so seid ihr plötzlich mit im Reihen und im Weben
der ungebannten Geistermächte und ihr müsst euch mit verschwenden.

Gedanken werden unstillbare Leidenschaft in diesen Nächten,
und eure Herzen schellen wie zersprungnes Glas im Widerklang
    von Weltenraum,
und jede Pinie wird ein riesengroßer Lebensbaum,
und Gott erwacht aus seinem stillen Sternentraum
und gleitet nieder in die Florentiner Stadt auf einem Wolkensaum
und hilft den Huren ihre loderroten Haare flechten.

Aus dem Kriegstagebuch:
    am 28.02.1944:

Das rote Pferd auf weißem Schnee,
sieht wie ein Wappen aus.
Warum tut mir mein Herz so weh?
Spring, rotes Pferd auf weißem Schnee,
es geht noch nicht nach Haus.

Die erste Knosp hab ich gesehn,
eh dass begann der März.
Vielleicht sie müssen all vergehn,
wenn wieder scharf die Winde wehn,
wie tut so weh mein Herz!

Wir sind nicht dort, wir sind nicht hier,
wir sind nur zwischen hin.
Sind wir denn überhaupt noch Wir
in hautverbrannt und fleischgefrier?
Und wo ist unser Sinn?

Über die Grenzen / Der Wanderzirkusdirektor

Am grauen Alltag darf er buntverkleidet durch die Straßen reiten
mit der Trompete auf der Hüfte und mit Schellenklirren;
ein Herold seines Pferdeschwanzes, mit Geschmetter kündend
    nie gesehne Herrlichkeiten,
die heut zum ersten Male in Europa das Vergnügen und die Ehre haben,
    sich zu produzieren.

Es ist ihm ganz vertraut, dass er überall das Staunen ist;
auch dass er fremd bleibt, fast unheimlich, weil er – selbst wenn Kinder lachen
und Frauen schämig schauen und wenn Bauern plumpe Witze machen
von hungrigem Zirkusvolke, das Kaldaunen frisst.

Er schaut herab und kennt die Welt von oben nur,
vom Pferd, vom Turmseil und vom Lufttrapez,
im Sprung, im Tanz, im Wirbel, ohne Schwergesetz
und ohne Zweck. Ein Zeiger ohne Uhr, ein Pendel ohne Schnur.

nur festgehalten in dem engen Zirkuskreise
als Klügster zwischen August und Bajazz.
Und Kinder lachen, Frauen lächeln und die Bauern grinsen, weil er nicht
    von ihrer Art und Weise.
Und immer sitzt ein Feldgendarm ganz vorne auf dem ersten Platz.

GEDICHTE IN DER »WELT AM SONNTAG«
UNTER VERSCHIEDENEN PSEUDONYMEN
(1932–33)

WARUM?

Man fragt auf den kleinen Antillen,
man fragt am Rhein und am Po,
man fragt sich laut und im Stillen:
warum, weshalb und wieso –

Man fragt sich auf Sizilien,
man fragt sich auf Haiti, in Bern,
es fragen sich ganze Familien,
es fragen sich einzelne Herrn –

Man fragt sich des Nachts und am Tage,
man fragt sich mal klug und mal krumm,
doch immer dieselbe Frage:
Warum – warum – warum –

warum, warum, warum, warum,
ist die Banane krumm?
Sie könnte doch auch grade sein,
das würde auch nicht schade sein –
warum, warum, warum, warum
ist die Banane krumm?
Warum ist sie nicht kerzengrad'
wie'n Schornstein oder Tugendpfad?
Das ist die große Frage
und keiner weiß warum –
darum in jeder Lage
bleibt die Banane krumm.
warum, warum, warum, warum
ist die Banane krumm?

George on Zola

WARUM IMMER WARUM?
WARUM NICHT AUCH. WIESO?

ALSO: WIESO?
Wieso,
wieso,
sitzt h i n t e n der Popo?
Er könnte doch auch vorren sein, –
doch dann,
doch dann,
gewöhnte man sich dran:

Wieso,
wieso,
sitzt er nicht anderswo?
Nicht grade im Gesichte drin,
jedoch vielleicht, vielleicht am Kinn;
als rundes Doppelkinn vielleicht, – –
wenn man das Kinn dann harmlos streicht,
ahoi, oho,
dann streicht man den Popo.

Er könnt' auch n o c h wo anders sein,
am Arm vielleicht, vielleicht am Bein
als Überbein – – eventuell
als Rucksack hint' am Nackenfell.
Er könnte auch am Hinterkopf –
zumal wenn jemand hat 'nen Kropf,
dann hätt er hinten im Genick
zu seinem Kropf ein Gegenstück.
Am Hinterkopf ein Wangenpaar –
s' ist nur die Sache mit dem Haar,
man müsst' es scheiteln rechts und links,
mit einem Scheitel, ja, da ging's,

sofern man keine Glatze hat;
doch fände sich da auch ein Rat.
Verwechselt würde nie der Kropf
mit dem Popo am Hinterkopf,
denn setz' dich mal mit einem Kropf,
da setz' dich mal mit einem Topf,
dann merkst du gleich wieso
der Kropf ist kein Popo.

Weswegen,
weswegen
ist er so abgelegen?
Im Auto oder im Büro,
auf Fürstenthronen, auf dem Klo,
am Lido und in Borneo,
man trägt ihn nirgends vorneo;
beim Löwen und beim Wüstenfloh,
ja selbst bei Greta, der Garbo
sitzt hinten der Popo.
Nicht jeder Podex ist so schön
wie Greta Garbos anzusehn,
drum sei'n wir froh, Verehrteste,
dass uns der Allerwerteste,
so im Verborgnen blüht
und dass ihn keiner sieht.

George on Zola

Tiere sehen dich an

Wohin du blickst, wohin du schaust,
und wenn du auch deinen Augen nicht traust,
und wenn du auch meinst, dass der Affe dich laust,
und wenn dich auch vor dem Anblick graust, – –
es ist nun mal nichts zu ändern daran:
Pleitegeier sehen dich an.

Aus der Froschperspektive, vom grünen Tisch,
vom Kleinrentnersofa aus rotem Plüsch,
aus jeder Rotunde, aus jedem Gebüsch, –
es ist nun mal nichts zu ändern daran:
mit dem Augenaufschlag von Lilien Gish,
als wäre er Ledas berühmter Schwan
sieht d i c h der Pleitegeier an.

Ob du weit- oder ob du kurzsichtig bist,
ob du Jude oder Sachse bist oder Christ,
ob du Kaviar oder ob du bloß Hering frisst,
ob du gar keine Unterhose trägst oder eine aus Seidenbatist,
es ist nun mal nichts zu ändern daran:
Pleitegeier sehen dich an.

Ob dein Auge braun oder ob es blau ist,
ob du Ehemann oder geschiedene Frau bist,
ob du es Krise nennst oder einen verfluchten Saumist, –
es ist nun mal nichts zu ändern daran:
Pleitegeier sehen dich an.

Ob du den kühnen Forscherblick besitzest,
ob du durch den Monokel blitzest,
ob du Rasierseife oder Schuhwichse zum Zähneputzen benützest,
ob du Priem kaust oder ob du Morphium spritzest,
es ist nichts zu ändern daran:
Pleitegeier sehen dich an.

Ob du Mormone bist oder Wiedertäufer,
ob du durch die rosige Brille siehst oder den rosigen Kneifer,
ob du als unverbesserlicher Ganzjahressäufer
weiße Mäuse siehst – die weißen Mäuse sind nur ein Wahn:
Pleitegeier sehen dich an.

Ob du Schwarzseher bist oder Hellseher,
ob du Langschläfer bist oder Frühaufsteher,
Radfahrer, Automobilist oder Schnellgeher,
Arzt, Schornsteinfeger, Fleischbeschauer oder Pillendreher; – –
es ist kein Adler, kein Uhu, kein Kanarienvogel, kein Eichelhäher,
kein Flamingo, kein Papagei, kein Huhn und kein Hahn:
Der ewige Pleitegeier sieht uns hintan.

Drum schließe die Augen und lass das Glotzen
es hilft kein Weinen und kein Trotzen,
es ist alles andere, um damit zu protzen,
es ist überall das Gleiche, es ist zum Kotzen, –
es ist nun mal nichts zu ändern daran:
Pleitegeier s e h e n dich an.

Sonntagsbetrachtung vor der Stadt

Hier herrscht der Friede. Nur die allerletzten Wellenkreise
des letzten Stadtgebrauses
gelangen in dies stille Eckchen:

Ein Sperlingsweibchen auf dem allerletzten Tramgeleise
verwandelt einen großen Pferdeapfel
behutsam in ein kleines Spatzendreckchen.

Dies Bildchen merke dir, o Mensch, weil es ein Gleichnis ist
für Wiederkäuer jeder Art. Ob's müde säuselt oder kraftvoll knarrt:
Die großen Phrasen, die du heutzutage hörst und liest,
sie bleiben immer das, was sie vorher auch schon waren – – – Mist.

George on Zola

Gedichte
zu alter Cembalomusik (1949–53)

Spanischer Tanz

Welch feierliches Menuett
tanzen sie im Schloss des Granden!
In Mantillas und im samtenen Barett
ernst und schweigend schreiten sie die Sarabanden.

Doch die Blicke halbgesenkter Augen
und verstohl'ne Händedrücke sprechen.
Was sie sagen, ist wie Flammen
die aus Feuerbergen brechen.

Östlicher Traumtanz

Irgendwo im Morgenlande,
irgendwo in Traumgebieten,
tanzen seltsame Gestalten
unter spitzen Zauberhüten;

schwirren mit den Zauberstäben
irre, wirre Zauberkreise;
hinter Masken singt und Larven
eine alte Klageweise.

Niemand weiß, was die Gestalten
klagen und was sie beschwören,
doch sie tanzen und sie walten
so, als ob sie wirklich wären.

Galopp

Hopsasa im Bratenrock
und im Rüschenkleid –
ach, wie heiß war unsrer Väter
Tanz und Fest und Lustbarkeit!

Fünfzehn Zentimeter hoch
war der Stärkekragen
und ein Panzer – das Korsett
presste auf den Magen.

T r o t z d e m ging es hopsasa –
ja, das waren Leute!
Wenn sie nicht gewesen wären,
wären wir nicht heute.

Spielzeuggedichte
zu Musik von Ludwig Kusche

Der Hampelmann spricht:

Ich häng den lieben langen Tag
an dünnen Seidenschnüren;
wenn Irgendwer dran ziehen mag,
soll er sich nicht genieren;

und wenn mich wer gezogen hat,
beginne ich zu strampeln;
ich nämlich bin der Hampelmann
und mein Geschäft ist – hampeln.

Der Kopf, der Rumpf, das Bein, der Arm –
die sind so toll beweglich,
da wird Dir schon beim Zuschau'n warm,
Du hältst es nicht für möglich –

und ziehst doch s e l b e r an der Schnur
und t u s t, was ich nur *deute*.
Mein Hampeln aber gehet nur
zur Seite, in die Breite.

Und wenn ich wen umarmen möchte –
nein, das bleibt mir verwehrt;
ich wüßt auch keine Hampelfrau,
die mich zum Mann begehrt.

Die Eisenbahn:

Rrrrrrrt' – Jetzt ist sie aufgezogen,
und schon ist sie fortgeflogen
aus dem roten Bahnhofshaus
sssst! – heraus mit Sausesbraus!
Durch die Auen, durch die Wälder,
durch die Wiesen, durch die Felder,
auf den blinkenden Geleisen –
reisen, reisen, reisen, reisen!
Rumpumpum – kommt eine Weiche,
rumpumpum – noch mal das Gleiche,
Läutewerk ertönt jetzt hell,
freie Fahrt! Nur weiter, schnell!
Hei, wie sich die Rädchen drehen,
hei, das muss noch schneller gehen!
Puff-puff-puff – den Berg hinauf
puff – mit einem letzten Schnauf –
uff – so, da – jetzt sind wir oben.
Braves Bähnchen, woll'n Dich loben!
Puffpuffpuffpuff – flink und munter
geht es jetzt den Berg hinunter.
Hier das Dörflein mit den Gassen?
liegen lassen, liegen lassen!
Ha, jetzt – tomtomtacketicke –
ha, das war die große Brücke.
Hu – ein Berg! Jedoch, jedoch,
dieser Berg, der hat ein Loch,
einen Tunnel, der ist duster.
Angst? Dann schnell noch einen Puster –
uff? – schon wird es wieder helle – –
und wir sind an Ort und Stelle!

Der Gummiball spricht:

Ich bin rund, ich bin rund,
ich bin kegelkugelrund;
ich bin bunt, ich bin bunt,
ich bin kunterbunt.

Ich bin prall, ich bin prall,
bin ein großer Gummiball;
wenn ich fall', wenn ich fall',
bin ich aus dem tiefsten Tal
auch schon wieder oben auf,
und so ist mein Lebenslauf.

Und je tiefer, dass ich falle,
umso höher spring' ich hoch
Gummibälle können's alle,
aber sonst – w e r kann das noch?

DIE PUPPE PLAUDERT:

Ich habe einen Hampelmann
geliebt; der ist kaputt gegangen;
ich hab' nach einem Hampelmann
nicht mehr das mindeste Verlangen.

Sein Herz, das war aus Sägemehl,
in seinem Kopf war Stroh,
er war nicht sehr gebildet und
er hatte kein Niveau.

Er sah ja ganz gut aus, gewiss, –
ein Sportstyp sozusagen,
doch war er zu sehr Hampelmann
in seinem sonstigen Betragen.

Er tat nur immer grade, wie
man ihn am Bändchen zupfte;
er war halt bloß ein Hampelmann,
der auf Kommando hupfte.

Wenn ich mich wieder mal verlieb' –
dann nur in einen richt'gen Mann,
weil eine Frau, wie ich es bin,
Ansprüche machen darf und kann!

Der Teddybär Hilarius:

Die Sonne ist nun unterm Meer,
der Mond steht über den Giebeln;
die Straßen sind ganz menschenleer,
das Städtchen schläft so mild und schwer,
es schläft sogar die Feuerwehr
bei ihren Wasserkübeln.

Und auch bei uns ist alles stumm,
es tut sich nichts mehr regen;
der Goldfisch im Aquarium
dreht sich noch einmal um sich rum
und gähnt und zieht die Nase krumm,
um sich zur Ruh zu legen.

Dein Teddybär Hilarius
hat längst die Augen zu,
nun gib mir schnell noch einen Kuss
und schlaf auch Du!

Verstreute Gedichte
und Gedichte aus dem Nachlass

Ich werde bald sterben

Ich werde bald sterben,
ihr werdet bald sterben.
Was hinterlasse ich euch,
ihr Nachgeborenes?

Etlich Geklärtes,
etlich Verjährtes,
etlich Ungegorenes.

Bitte, lasst Letzteres
und in euren Geist Übersetzteres
nicht gären!

Auch ihr müsst aus dem euch Verlorenen
den nach euch Geborenen
eine geträumte Zukunft gewähren.

Ein Lied am Abend

Milder Abend, linde Farben,
blasser Himmel, wie aus Seide, –
weißt du, wie viel Menschen starben
heut' an ihrem Herzeleide?

Wetterfahnen stehen stille,
ruhen aus vom vielen Winde, –
weißt du, wie viel Mütter heute
lösten sich von ihrem Kinde?

Sieh des Mondes schmale Sichel
und die Venus drunter gehen, – – –
weißt du, ob dein Tagwerk heute
vor der Ewigkeit kann stehen?

SCHNEEFLOCKEN

Wir sind ein Glanz,
wir sind ein Tanz,
wir sind nur im Vergehen.

Das Schwere klebt,
das Leichte schwebt,
wir tanzen auf den Zehen.

Wir sind der Traum im Winterschlaf,
ein weißer Wirbeltraum;
wir sind ein leiser Blätterfall
von einem Himmelsbaum.

Wir sind sehr zart,
von flücht'ger Art,
wir sind nicht von Bestand;

und wer uns fassen
und halten will,
dem sterben wir in der Hand.

Wir sind ein Glanz,
wir sind ein Tanz,
wir tanzen auf den Zehen;

Das Schwere klebt,
das Leichte schwebt,
wir sind nur im Vergehen.

Die Hände

Meine Rechte hab ich vom Vater ererbt,
die Rechte ist Bauernart,
von Bauernart und Schweiß gegerbt,
Großvaters Pflug hat ihr Runen gekerbt
und Knoten und Nägel hart.

Meine Linke ist von der Mutter wohl,
die linke ist Edelmanns Art;
am dritten Finger der Karneol,
in Gold gefasst mit dem Ahnensymbol,
hat Erbe zu Erbe bewahrt.

Die Rechte hat Linien, grade und tief,
aus Willen und klarem Verstand;
und was im Nichtwissen der Vorfahren schlief,
das steht wie Siegel und steht wie Brief
gefurcht in der rechten Hand.

Die Linke ist innen verschnörkelt und kraus,
da laufen viel Umwege drin,
und viel von Fremde und wenig von Maus,
die Linien sehn wie ein Irrgarten aus,
voll Dunkel und Widersinn.

Ein Kundiger liest aus der linken Hand
vielleicht die barocke Zeit,
einen Bischofsstab und ein Herzogsgewand,
manch Bürgerfräuleins heimliche Schand'
und Erschlagenwerden im Streit.

Doch ehrlich und schlicht ist der Alltagsgang
in die Rechte gewirkt und gepflügt;
da ist das Leben einfach und lang,
und alles ist simpler Zusammenhang,
so ein guter Gott es gefügt.

Wie kann ein Mensch so verschieden sein
aus Vater- und Mutterland?
Herr, falte, wenn ich mit mir überein
am Ende im dunkelen Totenschrein,
meine linke und rechte Hand.

Vergebliche Frömmigkeit an die Kindheit

Da war ein Garten,
drei Bäume, ein Zaun,
und alles Erwarten
war Gottvertraun.
Da war eine Mauer,
davor war Halt
und manchmal Schauer
schneewinterkalt
mitten im Blühen
des Rebstocks am Haus.

O Vater, o Mutter
habt ihr verziehen
dem, der zog aus,
zog aus in die Ferne
wo Gott und die Sterne
über dem Garten,
über den Bäumen,
über die Mauer
verborgen in grauer
Wolken Gehänge
singt meine Gesänge?

PFINGSTMONTAG '65

Die Flammen haben sich nun ausgeflammt.
Die Jünger reden wieder mit gewohnten Zungen.

    Wie viele Autos heute Abend sich zu Tod gerammt!
    Das hat wohl nicht nach hohem Orgelton geklungen.

    Pastoren und Pastöre gehen Mittagschlafen;
    sie haben wieder mal ihr Kirchensoll erfüllt.
    Sie schimpften auf die Böcke und versicherten den Schafen,
    dass sie allein von Gott gewillt.

    Der Mond hat Angst, man könnte ihm was tun.
    Vielleicht ist's aber auch, was ihn so rot macht, Zorn.
    Auf meinem Fensterbrette sitzt ein Huhn
    und sucht vergeblich nach dem blinden Korn.

Die Flammen haben sich nun ausgeflammt.
Die Jünger reden wieder mit gewohnten Zungen.

Da geht ein Jahr vorbei

Da geht ein Jahr vorbei
und schaut nicht um;
da läuft ein Leben weg,
man fragt warum – – –

Ein Traum –
soeben war es morgen;
der Sommer kam
mit all' den Sorgen – –

Der Herbst war kalt,
die Sonne stand im Nebel;
der Winter kommt mit Urgewalt!
Das ist des Lebens Regel. – –

Was fehlte bei Meier-Mair-Mayer-Meyer?
1954 zum 25. Jahr des Buches

Witwe Meier erwartet lieben Besuch,
einen selt'nen und langersehnten;
und sie wartet – und er kommt nicht – und sie nimmt
und wischt sich zum 9. Male (oder 10.) ein Tuch
den nicht vorhandnen Staub von dem Schrank,
    und der Tee wird kalt
    und der Kuchen wird alt;
und sie ordnet die Kissen auf Sofa und Bank
(die auch schon zwanzig Mal neu geschichtet)...
Und zuletzt fühlt sie sich etwas unterbelichtet.
    Ja, wäre es da nicht viel besser gewesen,
    sie hätte die Zeit sich vertrieben mit Lesen?
    Jetzt, während sie für morgen Kartoffeln schält,
    denkt sie bei sich: »Was hat da gefehlt?«

Herr Maier Karl hat Urlaub genommen,
und sitzt nun im Gasthaus und langweilt sich.
Durchs Fenster die Gegend: in Regen verschwommen.
Barometer stets: »Unveränderlich«.
Er geht in sein Zimmer und hofft und glaubt,
    die Sonne käme morgen, ihm zuliebe;
    der Himmel bleibt ihm zum Trotz aber trübe.
Kein Wunder, dass Maier vor Wut fast schnaubt.
    Ja, wäre es da nicht viel besser gewesen,
    er hätte die Zeit sich vertrieben mit Lesen?
    Statt dessen hat er die Fliegen gezählt!
    Nun sagen Sie selber. »Was hat da gefehlt?«

Fräulein Mayer ist leider zur Zeit erkrankt –
nein, nicht ernstlich, nur ein mittlerer Schnupfen
und ein mildes Grippchen; doch immerhin, es langt,
um vorsorglich ins Bettchen zu schlüpfen.
Da liegt sie nun und bildet sich ein,
(als sie lustlos gegen die Decke stiert
und ein wenig auf dem Rücken friert)

es könnte vielleicht etwas Schlimmeres sein.
   Da wär' es nun gut, sich abzulenken
   und endlich mal an was andres zu denken.
   Doch die Stunden schleichen, die Langeweile quält.
   Nun sagen Sie selber: »Was hat da gefehlt?«

Herr Meyer verpasst den Anschlusszug;
und der nächste geht erst in dreieinhalb Stunden;
Herr Meyer hat also mehr Zeit als genug.
Doch wie ist solch' leere Zeit überwunden?
Herr Meyer sitzt gähnend im Wartesaal,
   er ringt unterm Tisch verzweifelt die Hände,
   und die Wartezeit nimmt und nimmt kein Ende,
es wächst minütlich die Wartequal ...
   Ja, wäre es da nicht viel besser gewesen,
   er hätte die Zeit vertrieben mit Lesen?
   Zuletzt hat Herr Meyer sich Witze erzählt ...
   Nun sagen Sie selber: »Was hat da gefehlt?«

✳

Was alle die obigen Fälle betrifft:
Ich fehlte – (siehe die Unterschrift).
Im übrigen sollte man noch bedenken:
Ich zähl zu den schönsten Weihnachtsgeschenken

Hochachtungsvoll

Das Buch

All dies ...

All dies begibt sich Jahr um Jahr,
und immer bleibt es wunderbar:

Die Blume blüht auf bunter Au,
die Wolke zieht im Himmelsblau;

das Bächlein murmelt seinen Dank,
weil eine Amsel aus ihm trank,

die nun dafür aus voller Brust
hinaussingt ihre Sommerlust.

Der Mann, die Frau und in der Mitt'
ein Kindlein unsichtbar selbstdritt.

Das Mühlrad treibt, die Säge schneid't;
der Baum trug Herz in Herz verzweit.

Der Schreiner holt die Bretter ab,
damit das Kind ein Wieglein hab'.

Die Henne scharrt, der Wurm enteilt;
so ist's natürlich eingeteilt.

Sieh, fahl die Sichel im Zenit!
Die Ähren warten auf den Schnitt.

Wie ist doch alles Nahe weit,
das Weite nah zur Sommerzeit!

Der Meilenpfost zeigt immerfort
die Richtung an zum nächsten Ort.

Die Straße fügt sich einfach ein
und geht sich selber hintendrein.

Großvater klopft die Pfeife aus;
im Alter ist man gern zu Haus.

Die Glocke schlägt, der Hofhund kläfft,
und so hat alles ein Geschäft.

Das Mühlrad treibt, die Säge schneid't
den Baumstamm ohne Kron' und Kleid.

Der Schreiner holt die Bretter ab,
am Friedhof ist ein offnes Grab;

Der Steinmetz schreibt in Mamorstein
ein Wort vom ew'gen Seligsein.

Der Wind mit schnellem Flügelfluss,
bringt jedem Graßhalm einen Gruß

von irgendwo und irgendwann.
Wo hört es auf, wo fängt es an?

Wie ist doch alles Nahe weit,
Das Weite nah zur Sommerzeit!

Das Mühlrad treibt, die Säge schneid't – –
Tu mir mit rotem Wein Bescheid:

Wir sehen dies nun Jahr um Jahr;
Ist alles doch so sonnenklar,

und bleibt doch immer wunderbar!

Wortspielereien

DIE MEISEN HÖRTEN EINES TAGS,
es gäbe Tiere ihres Schlags,
die hätten mit einem A sich versehn,
um eher als sie im Brehm zu stehn.

Sie riefen darauf bei Herrn Brehm an.
Es meldete sich ein Herr Lehmann,
der sagte, er sei nur der Kastellan,
Herr Brehm sei zurzeit nicht momentan,
doch bezüglich des A, das stimme, indem
zu Anfang tatsächlich im Index bei Brehm
(es würde sie sicherlich freuen)
Ameisen aufgeführt seien.

Die Trappen hörten eines Tags,
es gäbe Tiere ihres Schlags,
die hätten mit einem A sich versehn,
um eher als sie im Brehm zu stehn.

Sie riefen darauf bei Herrn Brehm an,
es meldete sich der Herr Lehmann –
doch sucht er vergeblich in sämtlichen Bänden
des Brehm, ob *Atrappen* sich irgendwo fänden.

    So kommt es, dass die Trappen
    noch immer im Dunkeln tappen.
    (Zumal die echten Attrappen
    sich auch schon langsam verknappen.)

EINE AMEISE
mit g'führig bassem Schritt
ging
am Eise
flink
und glitt
aus!

Das Eis, das schmolz, der Schmolz, der fror
(dies kommt bei Witterungswechsel vor)
und die Ameise,
da sie glitt
in den kalten Kitt,
war nun
im Eise.

(Ist aber, wenn ihr auch geistesblitzt,
deswegen keine *im Eise* itzt!)

Ein Bauer, der mit einer Elle Mist misst,
der Dieb, der immerzu nur Stahl stahl,
ein Dickwanst, der zu jeder Frist frisst,
ist hin und wieder nicht normal mal.

Wenn du einer Krankenschwester

Wenn du einer Krankenschwester,
die bei deiner kranken Schwester
wacht
in der Nacht,

nach der Feier zu Sylvester
all die übrigen Rester
bringst
und du trinkst
selbst noch einen Liter Trester,

kannst du nicht mehr unterscheiden,
welche Schwester von den beiden
gleicht nun mehr der Krankenschwester
oder deiner kranken Schwester.
Darum lass das sein, mein Bester!

Frag mich doch was

Der Unterschied, der diffizile,
zwischen einer Sojabohne
und dem seltnen Widerspiele
dieser – einer Soneinbohne –

(Aller Wissenschaft zum Hohne –
doch, wie sag ich's meinem Sohne?) – –

– der Schiedunter zwischen den genannten Böhnchen
ist derselbe, wie – mein Söhnchen,
merk es an den Untertönchen –
bei Kaninchen und Kanönchen.

Denke aber nicht mehr weiter,
dadurch wirst du nicht gescheiter.

Ein Tunichtgut und ein Tuböse

Ein Tunichtgut und ein Tuböse,
die schlugen (im Streit, wer der Bessere sei)
mit grimmigen Fäusten und viel Getöse
sich sämtliche Knochen im Leibe entzwei.

Und als sie die Knochen zusammengelesen,
da standen sie auf, als sei nichts gewesen.

Sie hatten jedoch, und das merkten sie jetzt,
ihre Knochen nicht richtig zusammengesetzt.
Aus dem Plan, sich gegenseitig zu morden,
war ein Tugut und ein Tunichtböse geworden.

»In der Traumstadt«

Wenn ich endlich einmal wüsste,
wer das schöne Fräulein ist,
das auf einer Bank im Parke
meiner Traumstadt sitzt und liest –

liest in einem Band Gedichte.
(Die Gedichte sind von mir.)
Ist es eine Kunststudentin,
Malerei, Gesang, Klavier?

Oder zaubert sie Kostüme,
oder formt sie kühne Hüte?
Oder faßt in Gold und Platin
sie Smaragde, Chrysolithe?

Manchmal mein' ich, ihre Hände
hätt' ich früher schon gesehen – –
Meiner Mutter Ohrgehänge
waren zwei Beryll-Kameen,
meines Vaters Halstuchnadel
war ein roter Karneol.
Edelsteine haben Kräfte:
grüner Pol und roter Pol.

Meergrün sind des Mädchens Augen
und kornelienrot ihr Haar.
    Meine
    kleine
Schwester ist es,
   die
   nie
   hie
auf Erden war.

                Für H. S.

DURCH DIE TRAUMSTADT GEHT EIN ENGEL;
geht mit weißem Hemd und Flügeln,
geht ein Engel durch die Traumstadt
und mit einem Lilienstengel
als Spazierstock geht der Engel
und er bringt hier in der Traumstadt
sein Reservehemd zum Bügeln.

Weiter soll er nichts, der Engel;
nur sein Hemd zum Bügeln tragen
soll der Engel in der Traumstadt;
was es kostet, soll der Engel
sich im Traumstadtkirchensprengel
vom Kaplan, der dies geträumt hat,
geben lassen und soll sagen

einen schönen Gruß von Käthchen,
der Kaplan würd' sie scho kenna:

    Katharina von Siena,

Heilige der Wäschermädchen.

                    Für T. E.

Vor der Traumstadt auf dem Hügel, wo früher der Galgen gestanden und
 der Block,
steht jetzt inmitten von Kastanienbäumen und Kuchenbuden ein Kirchlein,
 ganz aus buntem Barock.

Draußen verkaufen sie Rosenkränze aus Zucker und Korinthenbrot,
und drinnen sitzt das Jesuskind auf Mariä Schoß und weiß noch nichts
 von seinem Kreuzestod.

Und die Sonnenstrahlen tanzen durch die gemalten Fensterscheiben,
als wollte es das ganze Jahr strotzender Sommer bleiben.

Und die Blumen auf dem Altare blühen, als blühten sie auf einer Wiese;
manche meinen sogar, sie wären schon wieder im Paradiese.

Eine Schwalbe ist durch die Sakristei geflogen und hat aus Versehen aus dem
 Weihwasserbecken getrunken
und sitzt nun dem heiligen Franziskus auf der Schulter, ganz flügelvergessen
 und versunken.

Und der heilige Gaudeamus, der in keinem Kalender steht,
hat hier einen Platz, und man sieht ihm an, dass es ihm wohlergeht.

Und die heilige Fiduzitas, die ebenfalls nicht im Kalender zu finden ist,
wird jeden Morgen heimlich von einem jungen Frater
 auf das pralle Bein geküsst.

Die Engelein sind alle Kinder von Marien-Magdalenen,
die beim Hochamt, wenn es ihnen zu lange dauert,
 ganz frech und ehrfurchtslos gähnen

und dabei so tun, als ob sie umso lauter und inniger mitsängen,
man kann sie aber nicht bestrafen, weil sie ganz hoch unter der Decke hängen;

und die Mönche auf dem Chore sind so milde, dass sie die Englein
    auch gar nicht bestrafen mögen,
im Gegenteil, sie zwinkern ihnen zu und geben ihnen einen vollkommenen
    Ablaß-Segen,

welchen eigentlich nur der Heilige Vater in Rom verleihen kann;
aber in dieser Kirche kommt es nicht so genau darauf an.

Und wenn die Mönche mit ihren lateinischen Zungen
haben die Nachmittagsvesper – Dominus vobiscum – ausgesungen,
dann tun die Bälge der Orgel immer noch ganz von selbst einen Walzertakt
    blasen,
und dann stopfen sich die Mönche andächtig eine Prise in die Nasen,

und dann gehen sie zum Kaffeetrinken mit würdigen Gebärden.
Es ist ein rechtes Reich Gottes auf Erden,

wo einst der Block gestanden hat und der Galgen zwischen den Bäumen.
In zehntausend Jahren wird einer vielleicht von dieser Stelle
    Seetang und Algen träumen.

IN DER TRAUMSTADT HAT IN EINER STILLEN SEITENGASSE
sich ein sonderbarer Schneider etabliert,
der statt Schere, Zwirn und Nadel eine grinsende Grimasse
auf dem Firmenschild an seinem Laden führt,

denn er fertigt keine Kleider
sondern ist als Spezialist – Grimassenschneider.

Als ein solcher schneidert er für Kunden,
die nur dumm sind ohne den dazu gehörigen Stolz,
innerhalb von vierundzwanzig Arbeitsstunden
ein Gesicht, das ehern ist. (Die billigen aus Holz.)

Kein Int'resse hat er für die Schulterbreite seiner Kundschaft und den
    Umfang des Gesäßes,
for he is a man who only makes grimaces. (Fashionable faces.)

Je nach Auftrag macht er joviale oder tief beseelte Züge
(ohne jegliche Kosmetik selbstverständlich, ohne Salben, ohne Spritzen);
anderen Bestellern, mit sich unzufriedenen, ein stilles Selbstgenüge
und so weiter. Das Geschäft geht glänzend. Oben in der Werkstatt sitzen
neun Gesellen, die nichts andres tuen als zum bösen Spiel
    die guten Mienen machen.
Und der Chef kommt manchmal rauf und bügelt eigenhändig sein Reklame-
    lachen.

PS.
Auch vermietet, dieses wär' noch zu ergänzen,
der Grimassenschneider Leihgesichter;
untertänige für Audienzen, täuschend anteilnehmende für Condolenzen –
und zum halben Preis Charakterköpfe für verkannte Dichter.

PS. zum PS.
Viele laufen so herum (bedient von dem Grimassen-tailor),
die in ihren Rollen sich sehr wohl zu fühlen scheinen;
leider aber haben alle einen kleinen Schönheitsfehler,
und den haben sie gemeinsam mit den edlen Etiketten auf geringen Weinen.

Vor dem Schlafgemach der Gräfin Ete la Peutête
steht ein riesenhafter Neger,
und er spielt auf einer sonderbar geformten Schnabelflöte
Schnabelflötenwiegenlieder von Max Reger.

Und die Fremden, welche durch die Traumstadt reisen,
fragen sich verwundert, was des Negers Tun bedeutet,
wenn der Schwarze, bald mit lauten Tönen, bald mit leisen,
flötend vor dem Schlafgemach der Gräfin auf und nieder schreitet.

Sei's den Fremden mitgeteilt: Der Neger muß geträumten Schlangen,
die der Gräfin Ete la Peutête Schlummer stören –
dass es ihnen nicht gelinge, in die Kemenate zu gelangen –
muss der Neger sie, die Schlangen mit dem Flötensang beschwören.

Und die Gräfin Ete la Peutête träumt zufolgedessen
statt von Schlangen von dem Schlangenbändiger,
hingegeben, selig, namenlos und selbstvergessen,
und wahrscheinlich noch viel unanständiger.

ALS ICH EINMAL AUS DER TRAUMSTADT RÜCKGEKEHRT,
in der kühlen Frühe, um die Zeit der Morgenröte,
da begegnete mir hoch zu Pferd
Seine Exzellenz, der Herr von Goethe.

Zwar, ich wusste: Dieses ist Chimäre,
aber dergestalt, dass Goethe wirklich war
und ich nur wäre,
wenn der Dichter mich bemerkte im Gesicht.
Doch der Herr Minister sah mich nicht.

Eckermann hingegen, Eckermann, der mit ihm reiste als Begleiter,
sprach mich an und sagte freundlich: »Guten Tag, Herr Dings!«
Und er schenkte mir drei Sprossen von der Ruhmesleiter
Goethes, die er wie ein Schießgewehr trug, auf der Schulter links.

Dann entschwanden beide in dem hohlen Wege hinter Pappeln.
Lange hört' ich noch die Pferdehufe trappeln.
Später ward ich dann gewahr,
dass das Pferdetrappeln Regen war.

Für die Künste waren damals Zeiten zum Erbärmen,
und so schenkte ich die Ruhmesleitersprossen Frieda Muse, einer armen Frau,
dass sie Suppe kochen könne oder bloß sich wärmen.
Ob sie aber überhaupt noch fror und nicht schon tot war, weiß ich nicht genau.

Dr. Gradus ad Parnassum

In der Traumstadt, durch die Notenschreibergasse,
rennt des Nachts ein langer spindeldürrer Klavierist,
fragend einen jeden nach dem nächsten Wege zum Parnasse.
Einer sagt ihm, einfach so zum Spaße,
oder auch in seiner Eigenschaft als Optimist,
dass es gleich hier um die Ecke ist.

»Ah, gleich um die Ecke!« sagt der Klavierist, der spindeldürre, lange,
stürmt prestissimo und nicht bemerkend, dass man ihn geneckt
(seine Künstlermähne flattert wie das Fahnentuch an einer Stange)
zu der nächsten Ecke – und da wird ihm angst und bange,
denn er sieht, dass hinter dieser Ecke, wo er eben angeeckt,
mindestens ein Dutzend weiterer Ecken sich versteckt.

Und es schwant dem Klavieristen: Diese Auskunft war nicht richtig!
»Bitte, können Sie mir sagen –« fragt er eil'ge Leute, deren Weg er hemmt;
denen aber ist ein gänzlich andres wichtig
und ein jeder sagt auf seine Weise – höflich oder unwirsch oder wirsch und
    flüchtig
(sieht der Fragesteller doch so aus, als hätt' er nur ein Hemd)
»Gradeaus« – »die erste Straße links« »ich bin hier selber fremd!«

»Ja, gewiss doch, aber ich bin eingeladen von den Göttern des Parnass,
dorten meine hohe Kunst zu zeigen auf den Tasten,
meine Fingerfertigkeiten, die ich ohne Unterlass
übte, mit der rechten im Diskant und mit der linken Hand im Bass,
forte und piano auf dem schwarzen Tastenwunderkasten!
Sehen Sie, ich musizierte schon vor Potentaten und Dynasten,

aber heute soll ich –«, sagt der Klavierist, doch da ist niemand mehr,
den er könnte nach dem Wege zum Parnass befragen;
es ist spät, die Straßen sind jetzt alle menschenleer,
und so steht er ganz alleinig auf dem mondenhellen Asphaltteer,
grade unterm Großen Bär, genannt der Große Wagen –
ein gespenstiger Laternenpfahl mit Kalabreser und mit Regenkragen . . . . .

Plötzlich schnauzt ein grimmer Schutzmann: »Gehn Sie weiter!«
Und da holt der Klavierist erschrocken aus der Tasche ein Klavier,
baut aus Achteltönen blitzschnell eine Dur- und Molltonleiter,
klettert mit spinetten Beinen eilends hoch, und ganz oben speit er
auf den Schutzmann und verschwindet aus dem polizeibeamtlichen Visier.

Jener Schutzmann zeigte später im Revier die Mütze mit der Spucke: »Hier,
    dies hier ist vom Großen Wagen Wagenschmier!«
Lange sah es an und ernst der vorgesetzte Kommissär
und er sagte endlich: »Wagenschmier? Nein das ist Bärendreck vom
    Großen Bär!«

Dass der Klavierist zur rechten Zeit auf dem Parnasse eingetroffen,
steht bei der Geschwindigkeit, die er entwickelte, zu hoffen.
    Aus demselben Grunde ist auch zu gewärtigen,
dass die Götter sehr zufrieden waren mit der Kunst des Klavieristen.

In der Traumstadt ist ein Lächeln stehn geblieben;
niemand weiß, wem es gehört.
Und ein Polizist hat es schon dreimal aufgeschrieben,
weil es den Verkehr, dort wo es stehn geblieben, stört.

Und das Lächeln weiß auch nicht, wem es gegolten;
immer müder lächelnd steht es da,
kaum beachtet, und gescholten
und geschubst und weggedrängt, wenn ja.

Langsam schleicht es sich von hinnen;
doch auf einmal wird es licht verklärt
und dann geht es ganz nach innen –
und du weißt, wem es gegolten und gehört.

Für A. N.

Dr. Enzian begibt sich manchmal auf den Allgemeinplatz
und da setzt er sich mit einem Freund auf eine Bank,
und dann prägt er immer irgendeinen Allgemeinsatz;
(beispielsweise: »Wer gesund bleibt, wird nicht krank!«)

Und sein Freund, der Tierausstopfer Eugen Rüchlein
schreibt die Sätze alle in ein Büchlein,
dass die Nachwelt später nichts verliert,
wenn der Allgemeinplatz mal bebaut wird oder parzelliert.

Dr. Enzian, als Existenzialist, beweist
den Begriff des Daseins, dass er nie verreist.
Wenn er reise, sagt er, würd' er fort sein,
und sein Dasein wäre dann ein Dortsein.

DR. ENZIAN TRAF EINEN ANDERSGLÄUBIGEN.
Dieser stellte sich ihm vor: »Gestatten Sie, mein Name ist Niels Randers.«
Dr. Enzian verbeugte sich und sagte: »Dr. Enzian.«
Und dann fragte er: »Sie sind ein Andersgläubiger? Sie glauben anders?«

Der Gefragte nickte. Dr. Enzian fuhr fort zu fragen:
»Bitte, sagen Sie mir doch, auf welche Weise und mit welchen Mitteln
Sie als Andersgläubiger, Herr Randers, anders glauben?
Glauben Sie vielleicht durch Denken oder Leugnen oder Zweifeln oder Kritteln?

Oder glauben Sie bloß mit den Ohren oder Ihrer Nase
oder – irgendwie – ich weiß es auch nicht ––– eben anders?
Denn als Andersgläubiger, da m ü s s e n Sie doch anders glauben!
Oder glauben Sie das nicht, Herr Randers?«

Der Gefragte meinte zwar, man solle keine Worte klauben,
doch seit diesem Tage zweifelt er an seinem Andersglauben.

DR. ENZIAN FUHR MIT DEM VIERMASTSCHONER »TICK«
und mit einem Mitarbeiterstabe
zu bestimmtem Zweck nach Rhodos,
und dort angekommen sprach er: »Hic!«

Und die Eingeborenen vermeinten ›Hic‹ sei Volapük
oder dass der Fremde einen schlimmen Schluckauf habe.

Doch die Mitarbeiter, die bereits mit Dr. Enzian auf Malta
diesen Hic-Versuch, dort resultatlos, unternommen
(musste er doch negativ verlaufen, weil sie in der Insel sich geirrt)
klärten die Rhodeser auf: Dies ›Hic‹ betreffe ›Salta!‹
und ›Hic salta!‹ gelte nur für Rhodos, nicht für Malta,
und aus diesem Grunde seien sie hierher gekommen.

Und nachdem sie fünfzehnmal im Chore »Hic!« gerufen,
    fuhren sie nach Haus.
Wissenschaftlich sprang, wie später festgestellt,
    bei dieser Forschungsreise nichts heraus.

Dr. Enzian ist seelisch ganz zerrüttet,
denn er hat ein Kind –
denn er hat ein Kind mitsamt dem Bade ausgeschüttet,
weil – es ging halt so geschwind.

Anatol, der Diener, minder zart besaitet,
hat sogleich ein neues Bad mit ohne Kind bereitet.

Dr. Enzian und Dr. Kümmel staunten bass,
als sie beim Spazierengehn auf einer Wiese
mitten in dem saftiggrünen Weidegras
eine Halluzination erblickten, und zwar diese:

Auf der Wiese (und im Hintergrunde Alpenglühen) –
auf der Wiese, mitten zwischen dreizehn Kühen –
frisch bezogen und mit Decken, Kissen undsoweiter – kurz: komplett –
stand ein Bett.

Beide Herrn Doctores waren sicher, dass sie irrten;
denn was sollte hier auf dieser Wiese dieses Bett bedeuten
(und dazu das wunderliche Treiben jenes jungen Hirten,
der mit einer Peitsche, dieses Bett umkreisend, knallte?)??
Beide Herren fühlten eine Welle, eine kalte
über ihre Rücken laufen – und sich reif für einen Psychotherapeuten.

Aber alles klärte sich natürlich. Auf Befragen sagte jener Hirtenknabe
    (währenddem im Hintergrund die Alpen blass verglühten),
        dass der Dorfarzt ihm befohlen habe,
            vierzehn Tage lang das Bett zu hüten.

Dr. Enzian hat kürzlich ausprobiert,
(denn er zweifelt ernstlich und in stillen Stunden),
ob er wirklich existiert.
(Und er glaubt in stillen Stunden,
dass ihn irgend jemand hat erfunden.)

Alles, was er sagt und denkt und treibt,
(was Gazetten über ihn berichten und Journale),
scheint ihm (wenn er liest, wie man ihn schildert und beschreibt
in Gazetten und Berichten der Journale),
hinzudeuten auf das Surreale.

Die Versuche, die er (ob to be or not to be)
unternommen, blieben in den Kinderschuhen
stecken, trotz subtilster Akribie.
(Auf den Ratschlag seines Freundes Dr. Eau de Vie
lässt seit gestern er die Sache ganz auf sich beruhen.)

Ich bin ein Maiglöckchen – – –
und ich fand
mich unter den Unterröckchen
einer Maid mit roten Bäckchen
aus Ungarland
im Strumpfenband.
Mehr sage ich nicht.
Langt das zu einem Gedicht?

Ich bin eine Lilie;
ich bin verwandt
mit der Heiligen Cäcilie,
der Schutzpatronin der Orgeln, der Geiger, der Cymbalisten;
man gibt mich auf Bildern Engeln in die Hand.

Als neulich auf der Kirchenmauer zwei Tauben sich küssten,
überkam mich ein wundersam-irdisch' Gelüsten ...
... und ich glaube,
dass auch eine Lilie und eine Taube
sich lieben könnten oder gar müssten,
wenn sie mehr voneinander wüssten.

Aber als Symbol der Jungfräulichkeit habe ich Pflichten
und muss auf vieles, was andere dürfen, verzichten.

Was Gott tut, das ist wohlgetan.
Mich schuf er als den Baldrian.
Er wusste, dass den Menschen oft
(wenn irgendetwas unverhofft
passieren soll, kommt und geschieht)
Verwirrung schlägt auf das Gemüt.

Gott schuf sodann den Pharmazeuten,
und dieser hilft – mit mir – den Leuten.

ICH BIN DER RHABARBER;
außer in Medizinen
und als Kompott
verwendet man mich bei Aufruhr
und Komplott
auf den Bühnen
als Gemurmel der kochenden Volksseele
in der Kehle
der Komparserie.
In Kritiken erwähnt wurde ich, soweit ich weiß, noch nie.
Achten Sie bitte auf mich, wenn Sie das nächste Mal ins Theater gehen.
Rhabarber-Rhabarber-Rhabarber-Rhabarber – auf Wiedersehen!

Wir sanften Irren leben etwas hinterm Mond;
wir haben seine andre Seite oft betrachtet.
Wir sind das Leben hinterm Mond gewohnt;
es ist dort immer etwas leicht umnachtet.

Vielleicht, dass wir uns auf dem Mond mal treffen,
wenn ihr nach dorthin kommt mit euren Mondraketen.
Zum Willkomm wird ein Mondkalb euch entgegenbläffen;
wir aber wollen dann für eure gute Heimkehr beten.

Dies Gedicht schrieb ein Politiker, der im vorigen Jahr zu uns kam und den wir schon nach vier Wochen als geheilt entlassen konnten:

Wir sanften Irren spielen manchmal Politik.
Die einen haben Karten und die andren Schachfiguren;
die mit den Schachfiguren rufen: »Trumpf!!« –
die mit den Karten rufen: »Schach dem König!!!«
So spielen wir, die sanften Irren Politik – – –
        mit Karten gegen Schachfiguren.

Und zwischen den Politikern da draußen und uns sanften Irren
    der Unterschied – – – der Unterschied ist gar nicht groß.
    Das Gute ist nur dies: Wir sanften Irren spielen bloß.

Benno, der nächste Woche als geheilt entlassen werden kann:

Wir sanften Irren, wenn wir zeitunglesen,
dann halten wir die Zeitung umgekehrt;
die Wärter meinen, das entspräche unsrem sanften Irren-Wesen,
und haben uns aufs neue immer wieder (aber ganz umsonst)
belehrt.

Wir sanften Irren, wenn wir zeitunglesen –
wir wissen, dass man in der Zeitung morgen alles andersrum
erfährt;
drum halten wir, wir sanften Irren, wenn wir zeitunglesen,
die Zeitung vorsorglich schon heute umgekehrt.

Der »Zitter-Kilian« ist 89 Jahre alt. Deshalb hört keiner mehr hin, wenn er von einem Gedichtband, in dem er immer liest und den er wahrscheinlich gar nicht versteht, (ich glaube, es ist ein Gedichtband von Trakl, den ein Besucher aus Versehen hat liegen lassen), aufschaut und vor sich hin redet:

Und weil es Gedichte gibt,
möcht' ich noch leben,
noch leben vier oder sieben Jahr'
und fühlen, dass einer das Leben geliebt
und konnte dem Leben d a s wiedergeben,
was es ihm schenkte, als er noch war.

Emil *mit den Plüschaugen, ehemaliger Frisör, hat vor 2 Jahren einem Kunden mit dem Rasiermesser die Nase abgeschnitten:*

    Wir sanften Irren, waren nie ganz da;
      und wenn wir sterben,
dann schließen wir die Augen zu und sagen: »Und wir haben
d o c h gelebt!«
    Wir ließen alles ganz, wir schlugen nichts in Scherben,
      wir haben nur gesponnen, nichts verkehrt gewebt.
Wir sind ganz sicher, dass wir einen Sinn gehabt in unsrem
Erdenwallen –
und wenn es nur der Sinn war, uns und anderen zur Last zu fallen.

Dies hinterließ der sanfte Irre P. P. A. – den wir gestern begraben haben:

Ich lebe in einem Land,
in das ich nicht gehöre,
ich wohne in einer Wohnung,
in der ich störe.
Ich stecke in einem Anzug,
in den ich nicht passe,
ich habe einen Leib,
den ich bereits verlasse;
ich trage einen Hut,
der mir zu weit ist,
ich habe ein Herz,
das zu eng zuzweit ist – – –
Addio!

Eine arme Kirchenmaus
Weint in ein Weihwasserbecken

Ich bin eine arme Kirchenmaus.
Früher sah ich ganz anders aus.
Da hatte ich Perlen um den Hals und Diamanten.
Ich war die Witwe eines sehr reichen Käsefabrikanten
und alle meine lieben Anverwandten
haben mich sehr flattiert.
Aber ich habe es deutlich gespürt,
dass sie nur deswegen mir schön getan,
weil sie sich schon als lachende Erben sah'n.
Zuletzt aber habe *ich* dann gelacht.
Mein Vermögen hab' ich der Kirche vermacht,
auf dass mich der liebe Gott zu sich nähme
und ich auf diese Weise in den Himmel käme.
Nun ja, vorläufig bin ich in einer kleinen Kapelle
und die macht mir der fromme Küster zur Hölle,
indem er überall Mausefallen aufgestellt –
für mein Geld, das ich der Kirche vermacht,
– was hat sich die Kirche dabei gedacht!? –
Für m e i n Geld!

Einer von den Wenigen, die erkannt,
was Ewigkeit ist, war ich,
Professor Doctor, Doctor, Doctor h. c. Krümmel.
Mit Elektronengehirnen und meinem Verstand
habe ich das gesamte Sterngetümmel
bis zum alleräußersten hintersten Himmel
errechnet, geordnet und in Formeln gebannt,
in unabänderliche.

Gott ist $a^9 - \sqrt[n]{\square}_{b7} + x{:}y$ im Geviert.

Als ich ihn so vollendet formuliert,
fühlt' ich mich plötzlich entproportioniert –
und als ich auf dem Spiegelglas saß,

da hatte ich die Wesenszüge
einer winzig kleinen Eintagsfliege,
die den Morgen verpasst
und den Abend nicht erreicht –
von Brehm auf Halbtagsfliege geeicht.

Die Clochards Singen

In Moll:

Wir leben unter den Brücken,
und das Leben geht über uns weg;
wir brauchen uns nicht zu bücken,
und nicht zur Seite zu rücken,
wir leben unter den Brücken
als Kinder- und Bürgerschreck.

Wir leben unter den Brücken.
Die Sonne sehn wir nur tief.
Und wenn wir nach oben blicken,
dann spiegeln sich unsere Rücken
mit allen Fetzen und Flicken
in der Seine, krumm und schief.

Wir leben unter den Brücken.
Wir betteln und stehlen nicht.
In den Hallen, den Ritzen und Lücken
liegt alles, wir brauchen nur pflücken
und mit dem Stecken zu picken.
Wir wahren unser Gesicht.

In Dur:

Wir leben sous les ponts, messieurs!
Wir brauchen nicht euer Glück.
Wir sind zufrieden mit unsrem Milieu,
wir neiden nicht die Hautevolee,
wir sind – was sind wir? – Nom de dieu –
der Epilog zu dem schlechten Stück,
zu den vielen durchgefallenen Stücken,
die man oben agiert, sur les ponts, auf den Brücken –
au diable – messieurs – Nom de dieu!!

Ich möchte dabei sein
wenn Du durch das goldene Tor
in das Reich der Träume gehst;

ich möchte dabei sein
wenn Du die seltsamsten Dinge
mit den Wimpern verstehst;

ich möchte dabei sein
wenn Du – mit mir – im Übermut
die Stundenzeiger der Sterne verdrehst …

In der Traumstadt ist es nächste Woche,
wenn es anderswo erst diese Woche ist;
oder aber: eine längst verflossne Frist
wird zuzeiten dort erst eine kommende Epoche.

In der Traumstadt ist die Wirklichkeit ein Märchen,
und die Märchen sind dort Wirklichkeiten.
Alle Uhren in der Traumstadt zeigen ganz verschiedne Zeiten.
Biederfrauen wandeln manchmal unvermittelt dort sich zu Hetärchen.

Die es aber sind und sich als solche überdrießen,
werden in den Spiegelbildern Anemonen oder Antilopen
und ihr Vater ist der Älteste der alten Popen,
dessen goldne Hände alles Leid versüßen.

In der Traumstadt ist der Fremde Dir so sehr vertraut
wie das Eigenste im Tiefsten Deiner Seele –
und das Singen einer liebeskranken Philomele
leiht der Sehnsucht Deines Herzens zarten Laut.

In der Traumstadt schreibt der trunkne Dichter
seine Verse an die roten Wolkenwände;
und die Maler sehen bis ans Ende
und entlassen die Gesichter.

In der Traumstadt ist der Mond die Sonne,
und die Sonne in der Traumstadt ist der Mond,
und die Jahreszeiten in der Traumstadt sind synchront,
und die Winde geigen Dreiklang: eine Bach-Chaconne.

In der Traumstadt steht am Flusse eine Zeder,
dort kann jeder beichten, was er nicht getan;
und der Fährmann wartet mit dem leeren Kahn,
und der Tod ist leicht wie eine Feder.

Wirklich lebe ich nur nachts in meinen Träumen,
weil mein Hirn da unbelastet
und nicht überhastet
spazierengeht. Ganz gemächlich schlendert.
Und dann ist nichts mehr gerändert.
Alles ist Weite. Das Lange, das Breite,
das Hohe, das Tiefe,
oh, dass man immer schliefe
und alles nur träumte,
– das Unaufgeräumte
geordnet,
das Versäumte
erledigt –
dann wäre unser Befinden
trotz allem Geträumten
ganz ohne Sünden
und wir wären ohne Beschwerden
schon im Himmel auf Erden.
Aber auch in unseren Träumen
keimen Saaten
für unheilvolle Tagestaten.

Unser altes Haus

Rotdorn und Kastanien blühen
(sehr solide Bäume, zuverlässlich) und gediehen
in dem Garten
hinter unsrem alten Haus.

Onkel Paul, der sie gepflanzt hat,
ist seit anno sechs verschollen;
und in besseren Familien
redet man nicht gut von ihm.

Aber Rotdorn und Kastanien
(seine sehr soliden Bäume, zuverlässlich und gediehen)
die gedeihen und die blühen
jedes Jahr im alten Garten
hinter unsrem Haus.

In der Rumpelkammer unsres alten Hauses
steht seit 1792 eine Uhr, die steht,
weil sie schon seit Urgroßvaters Zeiten
nicht mehr geht.

Auch ihr Schlagwerk tritt nicht mehr in Tätigkeit.
Manchmal schleicht die greise leise lila Tante Lydia
mit einem kleinen Hammer
heimlich in die Rumpelkammer
und sie streicht die Glöckchen
und sie lockt die gute alte Zeit …

September

September ist der schönste Monat zum Sterben.
Die Ernte ist nun eingebracht.
Die Spechte noch nach müden Borkenkäfern kerben,
die aber wittern schon die lange Winternacht.
Die Wälder sich ganz mählich färben;
im Norden warten schon die herben
Oktoberlüfte, eh' sie bitter gerben.

Dies sagt ein alter Mann,
der allzu oft gewacht
und über allzuvieles nachgedacht:
September ist der schönste Monat zum Sterben.

Nachwort
von Hans Althaus

Dem Leser neuerer Zeit ist eigentlich von Peter Paul Althaus nur die Poesie der im Stahlberg Verlag erschienenen sechs Gedichtbändchen bekannt. Von diesen war zweifellos das 1951 erschienene Buch »In der Traumstadt« das bekannteste. Althaus war unbestritten der erste Bürgermeister seiner Traumstadt, er ließ nach dem Zweiten Weltkrieg die Schwabinger Boheme wieder aufleben, stand in seinen letzten Lebensjahren der Idee seiner Traumstadt ganz nahe und haderte mit den »Zuständen« der »Viertelkünstler« in seinem Stadtteil. Unvergessen ist in allen Anthologien sein Gedicht: »In der Traumstadt ist ein Lächeln stehn geblieben«.

Doch PPA, wie ihn seine Freunde kurz nennen, hat uns viel mehr hinterlassen. Leider ist vieles von dem verloren gegangen, was er spontan als Kabarettist auf der Bühne oder vor dem Mikrofon beim Rundfunk sagte. Und doch ist bemerkenswert, was von ihm aus seiner Zeit zwischen beiden Weltkriegen erhalten blieb. An dieser Stelle danke ich Frau Dr. Tworek von der Monacensia und Herrn Dr. Göbel vom Allitera Verlag für den mutigen Schritt, diesen Gedichtband herausgebracht zu haben, der Gedichte aus allen Schaffensbereichen meines Onkels enthält.

Peter Paul Althaus erlebt derzeit eine Renaissance. Er sah sich und seine Freunde sehen ihn in der Nachfolge von Christian Morgenstern und Joachim Ringelnatz. Nach Hans Reimann ist PPA in seiner Poesie ein Wortmusikus. Als Erster erhielt er den Schwabinger Kunstpreis für Literatur, als Einziger die Goldene Seerose des Seerosenkreises; er war Ehrenassel, Ehrentukan und Ehrenbarkeaner. Ludwig Kusche nannte ihn einen »der letzten Sterne am Himmel jener deutschen Dichtung, die jene Feuchtigkeit des wirklichen Humors besitzt«. Altbundespräsident Theodor Heuß hielt zu seinem 70. Geburtstag die Laudatio.

Nach Walter Gödden ist Althaus ein Dichter von anmutiger, entrückter Leichtigkeit. Werner Bergengrün nennt ihn einen Nachfahren Till Eulenspiegels, Dr. Hans-Jochen Vogel, ehemaliger Oberbürgermeister Münchens, einen »Kollegen der Morgenschlummerzone« Werner Rukwik »den letzten heimlichen König des Münchener Stadtteils Schwabing« und Ernst Hoferichter einen »Schwager im Geiste«.

Hans Althaus
(Derzeitiger und dritter Bürgermeister der Traumstadt)

QUELLENNACHWEISE

Erstausgaben oder Erstveröffentlichungen der PPA-Gedichte in zeitlicher Reihenfolge:

Göttinger Musenalmanach auf 1923. Herausgegeben von Börries Freiherr von Münchhausen, Hochschul-Verlag, Göttingen 1922
Mystische Lyrik aus dem Indischen Mittelalter. In Nachdichtungen von Paul Althaus, O. C. Recht Verlag, München 1923
Jack, der Aufschlitzer. Verlag Elena Gottschalk, Berlin 1924
Altrussische Kirchenlieder. In Nachdichtungen von Paul Althaus, Eugen Diederichs Verlag, Jena 1927
Das vierte Reich. Dorn Verlag München 1928
Welt am Sonntag. Wochenzeitung in München, auch mit »Käse« als Pseudonym gezeichnet (1932–33)
In der Traumstadt. Stahlberg Verlag, Karlsruhe 1951
Dr. Enzian. Stahlberg Verlag, Karlsruhe 1952
Flower Tales – lasst Blumen sprechen. Stahlberg Verlag, Karlsruhe 1953
Gebrauchsgraphik. Zeitschrift im Verlag Bruckmann München, Heft 12, 1953
Lob der Faulheit. Eingelobt von Kurt Kusenberg, Verlag Bärmeier und Nikel, Frankfurt am Main 1955
Wir sanften Irren. Stahlberg Verlag, Karlsruhe 1956
Über den Dichter Peter Paul Althaus. Geburtstagsrede von Ludwig Kusche im »Tukan« (1957)
Seelenwandertouren. Stahlberg Verlag, Karlsruhe 1961
PPA lässt nochmals grüßen. Stahlberg Verlag, Karlsruhe 1966
»Was weißt, oh Onkel Theo Du ...«. Herausgegeben von Jobst A. Kissenkoeter, Verlag Lechte, Emsdetten 1968
Die Tanz- und Spielzeuggedichte schrieb PPA zu Kompositionen seines Freundes Ludwig Kusche, die teilweise auf das Jahr 1933 zurückgehen. Viele Gedichte lagen im Nachlass vor, PPA hinterließ kein Werkverzeichnis.